ओ मेरे मन–मीता

ओ मेरे मन-मीता

योगेन्द्र प्रसाद

प्रतिभा प्रतिष्ठान, नई दिल्ली

प्रकाशक : प्रतिभा प्रतिष्ठान,
694–बी (निकट अजय मार्केट), चावड़ी बाजार, दिल्ली–110006
सर्वाधिकार : सुरक्षित / संस्करण : प्रथम, 2022 / मूल्य : दो सौ रुपए
मुद्रक : आर–टेक ऑफसेट प्रिंटर्स, दिल्ली ISBN 978-93-92012-11-2

O MERE MAN-MEETA
poems by Shri Yogendra Prasad
Published by **PRATIBHA PRATISHTHAN**
694-B (Near Ajay Market), Chawri Bazar, Delhi-110006
₹ 200.00

दो शब्द

जयशंकर प्रसाद ने लिखा है—प्रेम करने की एक ऋतु होती है। उसी प्रकार कविता करने की भी एक ऋतु होती है। प्रकृति में वसंत आता है, कोयल कूकने लगती है, भौंरे गुंजार करने लगते हैं। व्यक्ति के जीवन में भी जब वसंत का आगमन होता है तो उसका मन भी बरबस गुनगुनाने लगता है। कुछ कहने के लिए मन कुलबुलाने लगता है और उसी क्षण कविता का जन्म हो जाता है।

प्रत्येक व्यक्ति के भीतर कविता का बीज छुपा होता है। जिस बीज को समय, परिस्थिति आदि के खाद-पानी मिलते हैं, वह बीज अंकुरित होता है, पल्लवित होता है और एक दिन विशाल वृक्ष बनकर लहलहा उठता है, फिर उस वृक्ष में फूल की तरह कोई निराला, कोई पंत, कोई बच्चन प्रकट हो जाते हैं।

लेकिन जिस बीज को समय, परिस्थिति आदि के खाद-पानी, हवा नहीं मिल पाते, वह अंकुरित तो होता है, पर सूख जाता है, भले ही वह उपजाऊ मिट्टी में ही क्यों न बोया गया हो।

मैंने भी समय-समय पर भावनाओं के अनुरूप कुछ शब्द बुदबुदाए हैं। आप इसे कविता कहें या ठाले बैठे का बेगार? यह तो पाठक ही तय करेंगे। फिर भी यदि किसी कविता की दो-चार पंक्तियाँ भी पाठकों को भा गईं तो मेरा प्रयास सफल हो जाएगा। 'ओ मेरे मन-मीता' में मेरा न तो कोई मीता है, न कोई मन चीता, बस कपोल-कल्पना है, मन में उठी भावनाओं के अटपटे चित्र हैं। यह पुस्तक उसी कल्पना को समर्पित है।

—योगेन्द्र प्रसाद

अनुक्रम

कविताएँ

कभी एक टीस उठती,
दिल की जब मैं आह सुनता हूँ।
उन्हीं आहों का कविता रूप में,
मैं चित्र बुनता हूँ।

जीतने जग मैं चला था,
जान अपने को खिलाड़ी।
हर समय हर दाँव हारी,
मैं अनाड़ी, मैं अनाड़ी।

प्रेम के रिश्ते, नेह के नाते,
स्वर्ण दिवस, चाँदी की रातें।
जाने कैसे लोग थे, जिनको,
मिला जगत् में आते-आते।

□

1

संघर्ष भरा जीवन मेरा

कुछ चाह नहीं
परवाह नहीं
मन में है किसी से डाह नहीं
करता निशि दिन
बस ध्यान तेरा
संघर्ष भरा जीवन मेरा
कोयल आती, मीठे स्वर में
आकर गाती
फिर दूर क्षितिज में
है छिप जाती
बहला न सकी वह
दिल मेरा
संघर्ष भरा जीवन मेरा
मधु जल लेकर
वर्षा आती
सप्त स्वरों में गुनगुनाती
बूँद-बूँद मधु रस टपकाती
रहता जीवन नीरस मेरा
संघर्ष भरा जीवन मेरा।

□

2

दो पल को ही प्यार हुआ था

मैं खोया उनकी शोख अदा पर।
भूला तन–मन उन अलकों पर।
व्यथित हृदय ले लौट चला जब,
पाया आँखें चार हुआ था।
दो पल को ही प्यार हुआ था।

अरमानों के मीठे सपने
आ पलकों पर लगे किलकने
चौंक पड़ा हो विकल देखकर
टूटा दिल का तार हुआ था।
दो पल को ही प्यार हुआ था।

बचपन की वो भोली बातें
आज सत्य थी स्वप्निल रातें
विह्वल होकर चीख पड़ा मैं
जब नयनों का वार हुआ था
दो पल को ही प्यार हुआ था।

हाय अभागा किस्मत मेरा
क्या अपराध किया था तेरा

स्वप्न सत्य बन खड़ा हुआ
मैं विदा लिये लाचार हुआ था
दो पल को ही प्यार हुआ था।

□

3

प्रियतम तुम ना आए

प्रियतम तुम ना आए
बैठी कब से आस लगाए
मैं अबोध अनजान गाँव रे
बिछा राह में पलक पाँवरे
बैठे कब से नयन बावरे
आओगे कब प्राण साँवरे

अब ना देर सुहाए
प्रियतम तुम ना आए।

छाई विकट प्रलय की वेला
कहाँ जाए अब पंछी अकेला
लोभ मोह का लगा है मेला
छल-प्रपंच का ठेलम-ठेला

नन्ही जान उराय
प्रियतम तुम ना आए।

□

4

कह रहा मुझे यह कौन चलो जग छोड़ सितारों की नगरी में

नहीं निराशा
रहती आशा
इस दुनिया की तरह पिपासा

नहीं सताती
नहीं दुखाती
नहीं विकाती
दो पैसे में प्यार किसी का
वहाँ किसी का दिल न टूटता
स्नेह न छूटता
हो जाने पर कोई किसी का
प्यार न लूटता।

वहाँ बहारें झूमा करती
हँस के चंदा
गा के तारे
पाँव प्यार का चूमा करती।

उस दुनिया में
चलो वहाँ पर
दुःख की कड़ियाँ
गम की लड़ियाँ
नहीं मिलेंगी दुर्दिन की घड़ियाँ

इस दुनिया से भिन्न वहाँ का
नव विधान है
नए नियम हैं
उसकी भिन्न यहाँ से अपनी
अलग शान है
वहाँ उमंगें
वहाँ इरादे

झूम-झूमकर
घूम-घूमकर
खेला करती
अरमानों की सज-धज करके
वहाँ अनोखी मेला लगती।

उस दुनिया में
बड़ी शांति है
नहीं क्रांति है

सभी वहाँ पर होते अपने
इस जग जैसा सिर्फ होते

मीठे सपने।
यहाँ के क्रंदन
यहाँ के बंधन
तोड़ चलो
सब छोड़ चलो
इस जग से री मुख मोड़ चलो

यहाँ की रातें
यहाँ की बातें
सब झूठी हैं
सब मिथ्या हैं
इंद्रजाल हैं ये जग सारे

चलो वहाँ पर बाट जोहते
बड़ी देर से
खड़े तुम्हारे चाँद-सितारे

दोलात मार गम की दुनिया पर
चलो बहारों की उगरी में
कह रहा मुझे यह कौन
चलो जग छोड़ सितारों की नगरी में।

□

5

तुम भला कहो या बुरा कहो पर हम तो अपनी राह चलेंगे

उद्भ्रांत पथिक भटका राही
चाहे तुम कह लो गुमराही
या अंध जवानी में बहता
तुम कहो करूँ मैं मनचाही

तुम हँसो व्यंग के बाण कसो
पर हम तो मन की बात करेंगे।

नादान जवानी क्यों खोता
जीवन में काँटें क्यों बोता
क्यों डुबा रहा हस्ती अपनी
कल्पना सिंधु में दे गोता

होऊँ निराश पाऊँ मैं त्रास
पग फिर भी ये उस ओर बढ़ेंगे

देख रहा हूँ घोर कालिमा
छिपी राह में फैला बाँहें

समझ रहा हूँ लुट जाऊँगा
पास बचेंगी केवल आहें

पर ये कहते दिल के फफोले
नयनों से हम बह निकलेंगे

तेरे ये उपदेश उदाहरण
मेरे दिल को ना बदलेंगे
इन तर्कों की शुष्क तुला पर
शुद्ध खड़े ये ना उतरेंगे।

हाथ मलेंगे या तड़पेंगे
पर हम उनको ना बिसरेंगे।

समझ रहा हूँ है नादानी
अपने जीवन की कुर्बानी
आज बलि हो निज अराध्य पर
पाता स्वर्गिक सुख बलिदानी

हो दिल की बस्ती में ही मस्ती
हम बाहर पर ना उछलेंगे।

□

6

दूर कोई गा रहा है

दूर कोई गा रहा है
मेरी सोई भावना को
मेरी खोई कल्पना को
कौन देखो ला रहा है
दूर कोई गा रहा है

आज विस्मृति फिर उभरकर
खोजती अपनी धरोहर
औ विकल की रागिनी भर
किसका स्वर यह छा रहा है
दूर कोई गा रहा है

भूल है वो दिन भुलाना
है असंभव भी तो पाना
मेरी स्मृति को चिढ़ाने
कौन देखो आ रहा है
दूर कोई गा रहा है

झुलसे दिल को फिर जलाकर
सूखी आँखों को रुला कर

फिर प्रणय का गीत गाकर
क्या मजा वह पा रहा है।
दूर कोई गा रहा है

□

7

दे पथिक होने सवेरा

पथ नया अनजान तेरा
दे पथिक होने सवेरा
पथ प्रभाकर की प्रभा से
है प्रतिक्षण क्षीण होता
औ भयावह इस समाँ को,
चाँद भी है देख रोता।

छा रहा नभ बीच में है,
घन घटा का घोर घेरा
दे पथिक होने सवेरा।

दामिनी संकेत देती
घन गरजता है प्रलय का,
औ पवन सुरताल भर-भर,
गीत गाता सृष्टि लय का।

छुप गए तारे घरों में
डाल दे तू जल्द डेरा
दे पथिक होने सवेरा।

देख मौसम बढ़ तू आगे
मैं कहाँ कहता हूँ रुक जा।
निज पुनीत कर्तव्य-पथ से,
कौन कहता है कि चुक जा।

पर बता कायम रहेगा
इस घड़ी अस्तित्व तेरा
दे पथिक होने सवेरा।

□

8

मेरे छूट गए सब साथी

मेरे छूट गए सब साथी।
मंजिल पार करें हम कैसे
भूल गया पथ राही।
मेरे छूट गए सब साथी।

अश्रुपूर्ण हैं लोचन दोनों
व्यथा अगाध भरी है मन में,
आहों का बाजार सजा है
अंतर हाहाकार मचा है
इस जीवन का दीप जल रहा
बिना तेल ना बाती,
मेरे छूट गए सब साथी।

एक दिन वह था हम थे गाते।
सुंदर सुखद थे महल बनाते
स्वर्ण दिवस चाँदी की रातें
प्यार भरी वो भोली बातें
याद तुम्हारी रह-रह करके,
दिल में हूक उठाती
मेरे छूट गए सब साथी।

□

9

पंछी तू क्या गाए

आज विरह का तार छेड़कर
पंछी तू क्या गाए
क्या तेरी नगरी में भी पंछी
दुःख के बादल छाए?

तूने तो हरदम सीखा है
चहक-चहककर जीना।
मंद, मधुर तेरे कलरव को
कौन बेदर्दी छीना?
गहरे नीले नयन सिंधु में
तू क्यों ज्वार है लाए।
क्या तेरी नगरी में भी पंछी
दुःख के बादल छाए?

विस्तृत उपवन तेरा घर है
खुला जगत् ओसारा।
नहीं किसी से देना पाना
तू जन-जन का प्यारा।
हँसता जिससे जग कुछ लेकर
उसको कौन रुलाए।

क्या तेरी नगरी में भी पंछी
दुःख के बादल छाए ?

किसने तेरा दिल तोड़ा है
किसने तुझे सताया
मुझ जैसा भटका राही का साथी तुझे बनाया
बिठा पीठ उड़ चलें कहीं हम
दुनिया नई बसाएँ।
क्या तेरी नगरी में भी पंछी
दुःख के बादल छाए ?

□

10

गाऊँ भी तो गाऊँ क्या?

गाऊँ भी तो गाऊँ क्या?
अरे टूटे हुए तारों से,
दिल को बहलाऊँ क्या?
गाऊँ भी तो गाऊँ क्या?

हौले दिल के तार कसे थे
कोमल सुरलय ताल सजे थे
निष्ठुर जीवन की चोटों से
झंकृत हो एक बार बजे थे
वीणा ही टूट गई भला
अब गीत सजाऊँ क्या
गाऊँ भी तो गाऊँ क्या?

उर में अरमान सँजोए इतने।
अंबर में तारे हैं जितने
टूट-टूट उल्का पातों से,
लीन हुए तम में झड़ कितने
सावन की घटा आँखों में लिये
दुनिया को रिझाऊँ क्या
गाऊँ भी तो गाऊँ क्या?

छोड़ दे दुनिया मुझको निर्जन
मेरे गीत स्वरों के कंपन
झुलस गए सब सुमन विटप के
ढूँढ़ो और कोई तुम उपवन।
उजड़ा कैसे मन-मधुबन
तुझे अब हाल सुनाऊँ क्या
गाऊँ भी तो गाऊँ क्या ?

□

11

आँसू आज निकल ही आए

आँसू आज निकल ही आए।
चाहा लाख छुपा लूँ, निष्ठुर दुनिया इनको देख न पाए
आँसू आज निकल ही आए।

भूल चुका था तुम्हें, तुम्हारी याद, तुम्हारी गाथा सारी।
भूल चुका था स्वप्न समझकर, अपनी करुण कथा भी सारी।
आज न जाने कौन क्षितिज से सहसा घोर घटा घिर आए
आँसू आज निकल ही आए।

ये आँखें निर्दोष कि जिसने छककर मधु का पान किया था।
ये आँखें निर्दोष तुम्हें जब चुपके से आह्वान किया था।
ये आँखें निर्दोष आज भी, दोषी तुम या मैं हूँ हाय।
आँसू आज निकल ही आए।

यह तेरा उपहार, जिसे मैं बड़े प्यार से अब तक पाला।
समझ इसे अनमोल रतन-धन, बड़े यत्न से इसे सँभाला।
आज अवश, लज्जित, असक्त हूँ तेरी बात नहीं रख पाए।
आँसू आज निकल ही आए।

तेरी खुशी समझ मुस्काया पीकर आँखों का खारा जल
रोने दे बस आज दिवस ही भीग चुके सुकुमार पलक दल
रो लूँ इतना आज जोर से, अश्रुकोष सारा बह जाए
आँसू आज निकल ही आए।

□

12

उलझन

मेरे कमरे में बुद्ध की एक तस्वीर
टँगी है।
औ निकट ही
दूसरी दीवार पर
एक नारी सोलहों श्रृंगार से सजकर खड़ी है।
बड़ी देर से देख रहा हूँ
नारी का यह हँसता आनन
औ गौतम का भाव भरा मन।
किस अज्ञात दिशा का सूचक
किस पथ का संकेत कर रहा
प्रश्नों के इस उथल-पुथल में
बड़ी देर से उलझा है मन।

पर पथ कोई अपनाना होगा
किसी राह तो जाना होगा
तो क्या उस पथ को ही पकड़ूँ
जिस पर,
किसी रोज संसार चला है।
या जिसकी गोदी में बढ़कर
अब तक का संसार पला है

या कहिए तो
यहीं छोड़ दूँ
इन प्रश्नों को
जाने भी दूँ
इन झगड़ों को
क्योंकि ये दोनों तो कागज की तस्वीर हैं।

□

13

ओ मेरे मन-मीता

बाहर-बाहर भरा-भरा है
अंतर्घट है रीता।
अंबर का सूनापन दिल में,
ओ मेरे मन-मीता।

नेह सलौना नहीं जानता
क्या हारा क्या जीता।
प्रीति की कोई रीति न होती
ओ मेरे मन-मीता।

तेरी सूरत मेरी आँखें,
कितने सपन सँजोए बीता
हर अभिलाष तुम्हीं तक संचित
ओ मेरे मन-मीता।

एक बूँद का प्यासा चातक
कब से तरल गरल रस पीता
कब बरसे मन-भावन सावन
ओ मेरे मन-मीता।

हम विषपायी जनम–जनम के
तुम हो परम पुनीता
तुम पर है हर खुशी निछावर
ओ मेरे मन–मीता।

□

14

अरे कमाल हो गया

अरे कमाल हो गया।
तुम्हारे गाल से लगा गुलाल लाल हो गया।
अरे कमाल हो गया।

ओठ से सटी तो पंखुड़ी उदास हो गई।
झुका ग्रीवा तो लाज से गुलाब लाल हो गया
अरे कमाल हो गया।

उठी निगाह जो तेरी तो जाम लड़खड़ा गया
शराब को चढ़ा नशा, मयखाँ बेहाल हो गया
अरे कमाल हो गया।

हँसी जो तुम तो फूल वन का सारा खिलखिला गया।
खुले अलक चले पवन, चमन निहाल हो गया।
अरे कमाल हो गया।

छुआ जो प्यार से तो तन का तार झनझना गया
शिरा चटक उठी नसों का खून लाल हो गया।
अरे कमाल हो गया।

रचे जो चंद छंद गीत बनके गुदगुदा गया
मीत गीत तो बना कवि हलाल हो गया
अरे कमाल हो गया।

□

15

फिर क्यों आया पंद्रह अगस्त

तन जर्जर मन क्षुब्ध हाय
ऐसी आजादी लौट जाए
करता मानव जब कोलाहल
वन निरुपाय, हो विपद्ग्रस्त
फिर क्यों आया पंद्रह अगस्त।

यह परिवर्तन नित नूतन वन
करता फिरता नंगा नर्तन
जो कर्णधार वे दें विसार
जब सभी समस्या अस्त-व्यस्त
फिर क्यों आया पंद्रह अगस्त।

हम खुशी मनाएँ उछलें कूदें
झंडा लेकर नभ को छू लें।
पीछे छोड़ उन्हें जिन की
अब दशा हो रही लस्त-पस्त
फिर क्यों आया पंद्रह अगस्त।

हम गीत तभी ही गा सकते
भरपेट अन्न जब पा सकते

भूखी आँतें कुलबुल करतीं
हो रहे आज हम क्षुधा त्रस्त
फिर क्यों आया पंद्रह अगस्त।

दिल्ली दूर अभी भी मेरा
होगा जिस दिन सुखद सवेरा
यही दिवस तब सार्थक होगा
निकलेंगे हम हो मदमस्त
तब स्वागत हे पंद्रह अगस्त।

□

16

ऐसा वर दे मुझे भवानी

नया जमाना नई जवानी
फिर फिर क्यों गाएँ गीत पुरानी

नव प्रभात है नया कमल दल
जैसे हिम आतप से गल-गल
बहकर गिरि के उच्च शिखर से
देता मूक निमंत्रण प्रतिपल
जीवन की है यही निशानी
नया जमाना नई जवानी।

नए लोग हैं, नया बसेरा
नई उमंगें नया सवेरा
भाव कल्पना नई लगन है
नई तूलिका नया चितेरा
गढ़ता नव तस्वीर सुहानी
नया जमाना नई जवानी।

युग के जर्जर विश्वास तोड़ दूँ
मैं भी जग की राह मोड़ दूँ
बढ़ूँ प्रलय-सा निज भुज-बल से

उछल नियति का भाग्य फोड़ दूँ
ऐसा वर दे मुझे भवानी
नया जमाना नई जवानी।

पत्थर में दो बीज फला दूँ
जग-जीवन का तार हिला दूँ
उमड़-घुमड़कर बरसूँ घन-सा
बंजर में भी सुमन खिला दूँ
बनूँ जगत् की अमिट कहानी
नया जमाना नई जवानी।

□

17

यह यम–सी काली रात

यह यम–सी काली रात
और तुम दूर बहुत दूर
जहाँ चल कल्पना भी हार जाती
लौट आती
किनारे से टकराकर मेरी पुकार।

एक गूँज शेष रह जाती
और तब खेद होता है
अपनी असमर्थता पर
अपनी निर्बलता से हार जाता
पथ का ज्ञान होता
तो मुँह ताकता
सिर धुनता
प्रलय का सागर तैर जाता

छान लाता
उस रहस्य लोक से
विधाता भी मान जाता।
अब और चारा क्या ?

चलो मैंने अपनी गलती मान ली
आने की उतावली
अपना पता मैंने नहीं दिया
सोचो तो अच्छा किया।

तुम चक्कर काटकर आते
फिर लौट जाते
मेरी कुटिया है भी अँधेरी
मुझे नहीं पाते।

तभी तो निमेष भर, मैं कहीं जाता नहीं
मेरी आवाज हर दिन बढ़ती जाती है,
भरोसा है एक दिन
भूले से, तुम्हें सुनाई पड़े
किस्मत मेरी जग पड़े।

□

18

तुम्हारे सपने ढेर सजा लूँ

तुम्हारी नील झील-सी आँखें
मन होता है राजहंस बन
तिरता खोल के पाँखें

तुम्हारे धन कुंतल की छाया
लोटे जिसमें तृषित अकिंचन
मेरी पुलकित काया।

तुम्हारे पाटल सुरभित ओठ
चखने जिसका स्वाद करें
मन-मधुप चोट पर चोटें।

तुम प्रियतम प्यार का सागर
भर दो मेरा भी कब से
रीता है मन का गागर।

तुम्हारे सपने ढेर सजा लूँ
आ मेरे मन-मीत गले लग
तन-मन-प्राण जुड़ा लूँ।

□

19

अनुरोध

आज प्रिय तुम पास हो कल दूर होगी,
कौन जाने फिर मिलोगी ना मिलोगी।
किस चमन का हार बनकर प्यार से,
फूल बनकर किस विटप के उर सजोगी।

आज है, मनुहार घूँघट खोल दो।
प्यार के दो बोल मीठे बोल दो।
इंद्रधनु से उर हमारा
एक चुटकी रंग लेकर घोल दो।

रीति क्या है नीति, चिंता छोड़ दो,
डोर प्रीति की दिलों से जोड़ दो।
आ गले लग बाँध लो भुज-पाश में,
लाज के बंधन सनम सब तोड़ दो।

जिंदगी तो बेवफा है, कब दगा दे जाएगी,
हम न होंगे, तुम न होगी, याद भर रह जाएगी
आज अभिनंदन अधर के ना हुए,
तो जन्म भटकेगा हमारी रूह भी पछताएगी।

बादलों में चाँद प्यासा है सनम,
ये सितारे भी तृषित सौ–सौ जनम।
युग–युगों से पी रही शतधार वसुधा,
प्यास लेकिन हो सकी अब तक न कम।

प्यास राधा की अधूरी गीत मजनू के विकल,
कौन सी थी प्यास मीरा पी गई हँस के गरल।
आज भी प्यासी बनी खय्याम की रुबाइयाँ
कौन सी चाहत लिये है मौन गालिब की गजल।

गीत मैंने भी रचे हैं मीत तेरे प्यार के,
स्वप्न मैंने भी सँजोए रूप के श्रृंगार के।
चूम लो प्रिय शब्द थोड़े हैं अरथ भोले मगर
ये अछूते फूल हैं अभिसार के।

आज प्रिय तुम पास हो कल्ह दूर होगी,
कौन जाने फिर मिलोगी ना मिलोगी।
आ गले लग प्राण–तन–मन सब जुड़ा लूँ,
क्या पता यह जिंदगी कैसी प्रिय उसपार होगी।

□

20

तेरी एक बूँद के प्यासे हम

कल मैं कहीं से आ रहा था
सड़क के मुख्य चौराहे पर
सुना, कोई गा रहा था—
'तू प्यार का सागर है,
तेरी एक बूँद के प्यासे हम

गीत की कड़ी मन को भा गई।
लेकिन सोचा, तो हँसी आ गई,
माना उसे बड़ी प्यास थी।
पर, सागर से बूँद की कामना
कोरी बकवास थी।

भले ही उसके दिल में शोला था
फिर भी वह बड़ा भोला था
शायद उसे पता नहीं था
लाखों का कारोबारी
छोटा सिक्का नहीं लेता
और थोक व्यापारी
खुदरा नहीं देता।

काश! उसे कोई समझाता,
सागर छोटे पौधे पर तरस नहीं खाता
उसका ध्यान हर किसी की ओर
नहीं खींचता है
सागर केवल बड़े वृक्ष को सींचता है।

सागर के नीले आँचल तक
प्यासे की केवल नजर पहुँच सकती है
हाथ नहीं।
सागर आघात दे सकता है
साथ नहीं।

इसलिए नहीं कि सागर का जल
खारा होता है
इसलिए कि प्यासा
नसीब का मारा होता है।

□

21

समझ में कुछ नहीं आती

कभी खामोशी हो जाती,
कभी बुलबुल-सी है गाती।
लिये दो नीर पलकों में,
कभी दिल को दुखा जाती।

कभी ले प्यार की बातें,
लबों पर मुस्कुराती है।
कभी तूफान ले दिल में,
मेरे सपनों में आ जाती।

कभी नि:श्वास-सी लेती,
मधुर उपदेश भी देती।
कभी निज कर बढ़ा दोनों,
सिमट भी अंक में लेती।

मैं टुकटुक देखता रहता,
बला-सी सर पे आ जाती।
बनी किस धातु की है यह,
समझ में कुछ नहीं आती।

□

22

बेबात की बात

किसी दिन किसी मोड़ पर
या शहर के किसी छोर पर
मैं मिलूँ
और आप मेरा हाल पूछ लें
इसे लोकाचार कहते हैं।

किसी दिन आप मेरे घर आएँ
और हम
हाथ जोड़कर खीसें निपोरकर
जबरन ओठों पर मुस्कान बिखेरकर
उठ खड़े हों
इसे शिष्टाचार कहते हैं।

यदि चाय-नाश्ते को पूछ लूँ
आपके बच्चे का सिर प्यार से
चूम लूँ
इसे आचार कहते हैं।

धूप कड़ी हो
या फिर वर्षा की झड़ी हो

मैं अपनी छतरी आपको दे दूँ
इसे विचार कहते हैं।

पहले कोई नजर मिलाए
फिर काम निकल जाए
तो नजर चुराए
इसे मक्कार कहते हैं।

दिल आपका रोता हो
और ओठों को हँसना पड़े
इसे हाहाकार कहते हैं।

आज मैं आऊँ कल आप आएँ
चाय-बिस्कुट खाएँ
और देर तक हम दोनों
गप्प भी लड़ाएँ
ठंडा, गरम जो भी पिएँ
फिर कल के वादे पर जिएँ
इसे व्यापार कहते हैं।

एक अदना-सा आदमी
और ढेर सारी प्रशंसा
हर कहीं अनुशंसा
कभी बौने को आसमान में पहुँचा दूँ
फिर दूसरे ही पल उसे जमीन पर पटक दूँ
इसे मतलब का यार कहते हैं।

जेब में हाथ हो
होटल और पिक्चर में साथ हो
मुँह में हर पल पान हो
ओठों पर गुनगुनाता तान हो
इसे दिलदार कहते हैं।

रात गहरा गई हो
बात भी महरा गई हो
फिर भी कोई डटा रहे
यों ही कोई सटा रहे
इसे व्यभिचार कहते हैं।

इस लोकाचार और
शिष्टाचार की भीड़ में,
आचार और विचार के समूह में
ऐ मेरे हमदम, कौन कहे
किसे सच्चा प्यार कहते हैं।

□

23

आज पूनम रात री सखी

आज विधु की इस विभा में,
प्राण के सब तार बजते
शांत कोमल इस निशा में
विस्मृति के साज सजते

दे रहा दिल पर मेरे फिर से
कोई आघात री सखी
आज पूनम रात री सखी।

आज मेरी भावना जो
राख बनकर सो गई थीं
जग पड़ी यादें सभी जो
आह बनकर खो गई थीं

जिंदगी की शाख से फिर
झड़ गए कुछ पात री सखी
आज पूनम रात री सखी।

युग की संचित आस लेकर
बढ़ रहा रजनी का आलम

पास पिय के पर हमारे
अब तलक आए ना बालम

लग चुकी कब से सितारों
की नई बारात री सखी
आज पूनम रात री सखी।

मन को धीरज हो सखी री
आज वैसा गीत गा दे
जान गई झूठे सभी थे
जो किए छलिया ने वादे।

सो गए सर में थके-से
आज भी जलजात री सखी
आज पूनम रात री सखी।

□

24

सारा आकाश तुम्हारा

तेरी करुण कथा से मेरी व्यथा अधिक है भारी,
तेरे दिल में आग, इधर मन में छिटके चिनगारी
मैं जगती का ठुकराया औ तू नसीब की मारी
निभेगी कैसी गर हो जाए तेरी-मेरी यारी।

तू ममता की भूखी कब से मैं स्नेह का प्यासा
मेरे सब विश्वास बिखर गए बुझ गई तेरी आशा
तेरे जीवन के आँगन में, छाई घोर हताशा
मेरे मन-मंदिर में पसरी काली घोर निराशा
क्या हम दोनों गढ़ सकते हैं जीवन की नई परिभाषा

तेरे-मेरे भाग्य एक हैं पर अंतर बहुसारा
तेरी वीण के तार कसे हैं मैं टूटा इकतारा
जनम-जनम की प्यास लिये मैं तू गंगा की धारा
एक बूँद मेरे हिस्से सारा आकाश तुम्हारा।

□

25

एक स्केच

वह आती है
दिल में भावनाओं का तूफान लेकर
उसके छोटे से दिल में
अरमानों का बहुत बड़ा ढेर है
ऐसा वह बताती है

वह आती है
मेरे आँगन में एक आँधी-सी
पर, बहती है बसंती बयार-सी
कभी चहकती कभी फुदकती
और कभी गुमसुम
न जाने साथ में क्या राज लाती है।

वह आती है।
उसकी आँखों में मूक भाषा लिखी रहती है
जिसे पढ़ पाना आसान नहीं है
समझ पाना तो और कठिन है
क्योंकि इसके लिए कोई स्कूल या कॉलेज नहीं
वह सुंदर गाती है।

वह आती है।
हाथ में मेहँदी भाल पर कुंकुम
ओठों पर कुछ कहने की उतावली भी रहती है
पर बोलती कम सुनती ज्यादा
बालों को प्यार से सजाती है।

वह आती है।
तो आँगन की नजरें एक बार उठ ही जाती हैं
अगर कोई हौले से पूछता है
तेरी सगाई के कितने दिन बचे हैं
तो वह लजाती है।

□

26

एक स्केच

वह आती है
मंथर गति से, बड़े सबसे
मेरी बगिया में फूल लेने
प्रात: की कलियों की तरह ही
वह बाग को तरोताजा कर जाती है।

वह आती है
कवि की कोमल कल्पना कहिए
या किसी शैतान की विडंबना
पर उसकी चढ़ती जवानी है
ऐसा लगता है
खुदा की उसपर खास मेहरबानी है

वह आती है।
उसकी नजरें कहर ढाती हैं
मुझे तो नहीं पर जमीं को शायद
प्यार करती है
सोचती है उसकी नजरों का भार
ढोनेवाला कोई नहीं
तभी तो

एक पलक या एक झलक ऊपर उठाती
तो कितनों पर कयामत आ जाती है।

वह आती है
अदा जानती है क्योंकि वह नारी है
फिर उम्र भी बदनाम है।
काशी की सुबह कहिए या पेरिस की शाम है।
उसके सीने में दिल भी है
इसका बीमा तो मैंने लिया नहीं
पर वह सुंदरता की सीमा है
मंदिर की कहिए या कागज की तसवीर का
पर वह किसी देवी की साकार प्रतिमा है
पता नहीं वह किसकी थाती है

वह आती है
दुनिया कहती है वह नारी है
जो वासना भर की पूर्ति है
जिसमें केंद्रित नर की अभिलाषा मँडराती है
यह पाप है।
वह कवि की प्रेरणा का स्रोत तो है ही
स्वर्ग की मंजुल मूर्ति है
जो धरती पर आकर अपने साथ
स्वर्ग की बहार भी लाती है।

□

27

रो अशकुन बतलानेवाली
(प्रथम पंक्ति बच्चनजी की है।)

शुभम घड़ी की आस नहीं है,
नयनों को अब प्यास नहीं है।
मिलने का विश्वास नहीं है।

फुदक-फुदककर डाली-डाली
रो अशकुन बतलानेवाली।

तेरा अब मैं मान न दूँगा,
बोल का तेरे ध्यान न दूँगा।
भ्रम में उनके जान न दूँगा।

कोयल-सी काली तनवाली,
रो अशकुन बतलानेवाली।

जीवन में केवल दुर्दिन हैं,
आने को अब नहीं सुदिन हैं
पीछे छूट गए वो दिन हैं

दुनिया मेरी है अब खाली
रो अशकुन बतलानेवाली।

तुझ को ही अब प्यार करूँगा।
पहले-सा न बुरा कहूँगा
तेरे सब अपशब्द सहूँगा।

दे ले अब तू जितनी गाली
रो अशकुन बतलानेवाली।

□

28

फिर तुम्हारी याद आती

आज इस सूने विजन में
प्राण रेखा कुलबुलाती
जूझने को इस समर में
दूस पर, साथी है पाती

ले नई उल्लास उषा
जागरण का गीत गाती
प्रात का ले नव समीरन
दूर प्राची लौट जाती।

इक नई ले प्रेरणा मैं
साथ इनके जब हूँ बढ़ता
कल्पना की तूलिका से
भावना का चित्र गढ़ता

पर थका-सा देखता हूँ
कर्म पथ काँटे भरा है
और समझने जिंदगी को
दूर मंजिल भी खड़ा है

अवलोक बीहड़ यह नया पथ
सोच हिम्मत हार जाता
खो न जाए पास जो है
थरथराकर बैठ जाता।

आज फिर तुम आ जो पाती,
प्यार का मृदु गीत गाती।
इस थकी-सी जिंदगी में,
चेतना फिर भर जो जाती।

तो आज ही जीवन समर में,
कस कमर मैं कूद पड़ता।
औ छलाँगें मार मंजिल,
हँसते-हँसते पार करता।

आज पाने को तुम्हें फिर,
जिंदगी है छटपटाती।
पूर्ण हेतु इस कमी को,
फिर तुम्हारी याद आती।

□

29

दूर प्राची की तटी से
कौन यह स्वर गा रहा है
(विनोवा के प्रति)

दूर पथ में डगमगाता
काकली-सा गुनगुनाता
ले प्राण में रस पात्र कर में
आज के उठते स्वरों में स्वर मिलाता

धन पिपासा को मिटाता
प्रेम की वंशी बजाकर
साम्य का संगीत गाता
एक जैसा हो धरा का दौड़ता, नारा लगाता।

खींचता नभ को धरा को सींचता
कौन यह देखो डगर पर आ रहा है।

शोषकों के हेतु देखो
काल बन वह आ रहा है
शोषितों के हेतु देखो
ढाल बन वह आ रहा है।

दो उसे जो माँगता वह,
चूँ-चपड़ मत कर अभी।
या नहीं तो फिर मरोगे,
आह में जलकर सभी।

कड़कता असि सम गग में फोड़ता
कौन वह देखो विषम घट आ रहा है।

लो सबक कुरुक्षेत्र से
पूछो उसे वह क्यों हुआ
भाई से भाई तात सुत से
शिष्य से गुरु हत हुआ

क्यों बही थी रक्तधारा
लाल धरणी क्यों हुई थी
ईश को प्रवृत्त होकर
पक्ष लेनी क्यों पड़ी थी।

हुंकारता जयघोष रण का बोलता
कौन यह देखो कमर कस आ रहा है।

पी चुके हो खून ढेरों
निर्बलों का व्यूह रच।
माँगता अधिकार पहले
फिर देगा महाभारत मचा।

भून देगा तुम सभी को
आह रूपी तीर से
डूब जाएगी तुम्हारी
नाव उनके नीर से

देख मत मेरी भुजा को
सोच मत कर गात मेरा
हिल रहा है क्रोध से ही
कब करेगा यह बखेरा

दीन-दुखियों ठहर जाओ
एक मौका फिर दो उनको
छीनकर श्री या नहीं तो
व्याह दूँगा तुम सभी को

फेंकता स्वर्णिम किरण प्राची दिशा में
कौन यह देखो चितेरा आ रहा है।

□

30

अधूरे अरमाँ

क्या कभी पूरे भी होंगे ये अधूरे अरमाँ
क्या सदा पतझड़ रहेगा या खिलेगा बागवाँ

रात के सूने प्रहर में जब पपीहा पी-पी गाता
दर्द से लबरेज स्वर को चाँद भी सुनने को आता
धीरे-धीरे पूछने कुछ चाँद के हूँ पास जाता
चाँद छुपता बादलों में औ पपीहा भाग जाता
एकटक खामोश होकर देखता हूँ आसमाँ
क्या कभी पूरे भी होंगे ये अधूरे अरमाँ
क्या सदा पतझड़ रहेगा या खिलेगा बागबाँ

घोर तम का लेके आलम शांत रजनी आ ही जाती
दूर दिल बेताब करती एक श्यामा कूक जाती
छलछला आते हैं आँसू आँख दोनों बरस जाती
उड़ के आऊँ पास तेरे यह इरादा जी में आती
दो कदम चल बैठ जाता देख आता है तूफाँ
क्या कभी पूरे भी होंगे ये अधूरे अरमाँ
क्या सदा पतझड़ रहेगा या खिलेगा बागबाँ

तूने जीवन की सुबह में प्यार की किरण बिखेरा
स्नेह का जो चित्र खींचा क्या सकेगा वह चितेरा
आज तू मेरी–नहीं है, मैं न हो सकता हूँ तेरा
यह पता मालूम न था जो जिंदगी को होगा फेरा
अब तो मंजिल पा न सकता जिंदगी का कारवाँ
क्या कभी पूरे भी होंगे ये अधूरे अरमाँ
क्या सदा पतझड़ रहेगा या खिलेगा बागबाँ

एक दिन तूने मुझे क्यों स्नेहछाया में बिठाया
गर रुलाना ही तुम्हें था फिर बताओ क्यों हँसाया
मेरे भोले दिल में आकर प्यार का क्यों गीत गाया
देके दिल तुझको बता मैं आज तुमसे क्या हूँ पाया
एक पल आके बता जा आज मैं जाऊँ कहाँ
क्या कभी पूरे भी होंगे ये अधूरे अरमाँ
क्या सदा पतझड़ रहेगा या खिलेगा बागबाँ

क्या दिखावा मात्र ही था अधरों–अधरों की लड़ाई
मैं सदा तेरी रहूँगी कहके हो गई तुम पराई
तुम बड़े ही चोर हो जी कह मेरा ही दिल चुरायी
था मिटाना ही तुम्हें क्यों प्यार की दुनिया बसाई
तेरी दुनिया बस बई है, मेरा सूना है जहाँ
क्या कभी पूरे भी होंगे ये अधूरे अरमाँ
क्या सदा पतझड़ रहेगा या खिलेगा बागबाँ

□

31

रेशम

रेशम-से घन कुंतल तेरे
ज्यों शशि ऊपर अब्द घनेरे

शुभ्र भाल पर बिंदी प्यारा
सांध्य गगन में ज्यों शुकतारा

धनुषाकार लुभावनी भौहें
मानो मदन प्रत्यंचा सोहे

पलक पंखुड़ी पवन डुलावें
नयन सैन दे भ्रमर बुलावें

चल चितवन युग कलश सुहावै
अमिय हलाहल मद ढरकावै

ओठ अछूते पावन फल से
रस टपके ज्यों किसलय दल से

अरुण कपोल देख रतनारे
विहँस उठे वन में कचनारे

दाड़िम दंत की पंगति ऐसी
चमचम चमके मोती जैसी

रसना रस वाणी घहरावै
वकुल फूल मधुवन झहरावै

गोल गले पर मुख की लाली
जैसे झुकी गुलाब की डाली

पीन पयो धर सोहे ऐसे
रस से भरे कनक घट जैसे

क्षीण कटि सौ–सौ बल खाए
लहर–लहर सागर लहराए

देह दीप में रूप की बाती
रचि विरंची यह किसकी थाती

□

32

नववर्ष की शुभकामना

सूरज तेरा रूप सँवारे
चंदा माँग सजाए
तारे बरसें फूलों जैसे
आँचल तर न समाए

गंगा-यमुना पैर पखारे
बादल घट भर लाए
मस्त पवन मीठी थपकी दे
परियाँ गीत सुनाएँ

बुलबुल चहके कोयल कुहके
नाचे मोर चमन में
रंग-बिरंगे सुमन खिले
तेरे जीवन उपवन में

चंदन-सा सुरभि तन तेरा
कंचन-सी हो काया
इंद्रधनुषी चुनरी लहके
घन-कुंतल लहराया

नए वर्ष की शुभ वेला में
मैं क्या दे सकता हूँ
तुम कहदो तो हर आँसू
मैं तेरे पी सकता हूँ।

□

33

तुलसी जयंती के अवसर पर

तुलसी ही की तरह
मेरा उद्देश्य कविता करना नहीं है

और न कवि कहलाना है।
मेरा मकसद तो बस यह बतलाना है
कि आपका यह सारा आयोजन
महज एक रस्म अदायगी है
मन बहलाव का खूबसूरत बहाना है

चौंकिए मत
बिगड़िए भी नहीं
जरा सोचिए
बात गलत है या सही

एक तसवीर लटका दिया
फूल मालाओं से सजा दिया
थोड़ा अफसोस प्रकट किया
कोई रोया कोई चिल्लाया
और दूसरे साल तक के लिए
तुलसी से छुट्टी पा लिया।

आप सभी विद्वान् हैं
जवाब अवश्य देंगे
मुझे पूरी आशा है—
क्या जयंती की यही परिभाषा है ?

ये रटे- रटाए भाषण
ये सुनी–सुनाई कविता
है इसमें कहाँ नयापन
है कहाँ कहीं मौलिकता

आज फिर इतिहास ने करवट घुमाया है
अयोध्या पर फिर राजनैतिक संकट छाया है
स्वर्थिनी मंथरा ने
फिर कैकेयी को भड़काया है।

ऐसे समय हमें चाहिए
राम की मर्यादा
भरत का तप त्याग
लक्ष्मण का सेवा व्रत
और वैदेही का अनुराग।

अतः आइए
संकल्प लेकर जयंती को
सफल बनाइए

मुझे पुरस्कार नहीं चाहिए
आपका आश्वासन चाहिए
कि आप अपनाएँगे आमरण
शिव का मस्तिष्क
कृष्ण का हृदय
और राम का आचरण

□

34

तुलसी जयंती के अवसर पर

सज्जनो,
गतवर्ष मैंने एक कविता पढ़ी थी
आप बड़ों के सामने
एक छोटी सी बात कही थी
लेकिन मैं बच्चा था
उम्र का भी कच्चा था
इसीलिए आपने पुरस्कार तो दिया
पर मेरी बातों पर ध्यान न दिया
तब से मेरी आत्मा अकुलाती रही
भावना कुलबुलाती रही

आज अवसर है
कुछ कहने का मौसम है
मैं अपने गुबार निकालना चाहता हूँ
चौंकिए मत
मैं राम बनना चाहता हूँ

पर मेरा लक्ष्मण अयोध्या की भीड़ में
कहीं खो गया है।
मेरा भरत ननिहाल में ही सो गया है
मैं सीता का वियोग चाहता हूँ,

पर कोई हनुमान सागर लाँघकर
लंका जाने को नहीं है
कोई अंगद सीता का पता लगाने को नहीं है
मैं रावण का वध चाहता हूँ
पर कोई विभीषण आज
अन्यायी का राज बताने को नहीं है

तो गुणीजनो
कान खोलकर सुनो
राम की पुकार है
हृदय में गुणो

है कोई कौशिक
जो मेरी धन्वा में टंकार भर सके
है कोई लक्ष्मण
जो मेरे लिए उर्मिला को छोड़ सके
कोई अंगद, हनुमान जो सागर को बाँध सके
है कोई विभीषण जो सत्य की कसौटी पर
भाई को वार सके
है तो आवाज दो
नहीं तो जवाब दो
राम के पास आज कौन सा
उपाय है
वह रावण से समझौता कर ले
तो कौन सा अन्याय है— तो कौन सा अन्याय है—

□

35

एक छोटी सी नाटिका

(जनक का सजा दरबार। धनुष टूट चुका है। तभी परशुराम का प्रवेश)

विश्वामित्र—

दशरथ को सुतराम लखन
धाम अयोध्या ग्राम
गुरु संग आयऊ दरश को
मुनिवर लेहु प्रणाम।

(परशुराम चारों ओर देखकर आश्चर्य से जनक की ओर)

परशुराम—

मिथिलाधिप इस आयोजन का
प्रयोजन है कौन
उत्तर मुझको चाहिए
मत साधो तुम मौन

(तभी उनकी दृष्टि टूटे धनुष की ओर जाती है)

परशुराम (क्रोध से)—

अरे यह कौन मूढ़ उद्‌दंड
कि जिसने तोरा हर कोदंड
विदित क्या उसको अबतक नहीं
हमारा भुज वैभव प्रचंड।
जनक रे बोल कौन वह लाल
बुलाया जिसने अपना काल

अन्यथा धरा ध्वस्त कर आज
न छोड़ूँगा कोई महिपाल

राम (उठकर)— भृगुनाथ भंजक चाप का
है दास कोई आपका।

परशुराम (अति क्रोध से)— दास! दास नहीं बकवास है यह
वह सहस्त्रबाहु सम बैरी है।

लक्ष्मण (व्यंग्य से)— शांत शांत हे विप्र भला यह क्रोध कैसा
कई तोड़े हैं छुटपन में हमीं ने चाप ऐसा
भला फुफकारते हो क्यों बने यों नाग हो
पका बैंगन बने हो औ उगलते आग हो
धनुष तो आप ही टूटा न इसमें तात का
कुछ दोष है
थूक दो गुस्सा मुनिवर व्यर्थ तेरा रोष है

परशुराम (अति क्रोध से)— अरे शठ मूढ़ मेरा बल नहीं तू जानता
गया मैं जान तू मुझको नहीं पहचानता

लक्ष्मण (मुसकराते हुए)— गलत मुनिवर तुम्हें मैं जानता
मातृहंता को जगत् पहचानता

परशुराम (अति क्रोध से)— अरे कौशिक सुनो यह मंद बालक
कुटिलवश काल के बन जाएगा
निज बंश बालक

लक्ष्मण (किंचित् क्रोध से)— तुम व्यर्थ ही विप्र उबलते हो
अपने मुँह मीट्ठू बनते हो।
कम नहीं तुम्हारे वचन बाण
फरसा तो व्यर्थ ही धरते हो।
अधिक कर तौलते हो अपने बल को
औ बिना जाने ही फल को
उड़ाना चाहते हो फूँक से ही तुम अचल
को

परशुराम (अति क्रोध से)— सुनो सब हे प्रजापालक
कि बध के योग्य यह बालक
हमारा उठ रहा फरसा
सदा कुलक्षत्री संहारक।

लक्ष्मण (व्यंग्य और क्रोध से)— तुम व्यर्थ ही गाल बजाते हो
पौरुष को व्यर्थ लजाते हो
मुझे समझ कुम्हरे की बाती
तर्जनी व्यर्थ दिखलाते हो।
तुम विप्र क्रोध के योग्य नहीं
हो दया भाव के अधिकारी
तुमको शोभा नहीं देता है
कुंजरों जैसे देते गाली।

परशुराम (भयानक क्रोध से)— बस बहुत हुआ अब सावधान
मतिमूढ़ मान
अपना अब तू अंत जान

कर ईष्ट ध्यान
फरसा मेरी लपलपा रही
करने को तेरा रुधिर पान।

लक्ष्मण (क्रोध से)— ठहरो सुजान।
अब बंद करो प्रशस्ति गान
सर पर न उठाओ आसमान
अबतक मैंने भी विप्र जान
इस ओर दिया था नहीं ध्यान
तुम भी सुन लो अब खोल कान
जो रघुवंशी से टकराता है
वह सूद ब्याज तक पाता है
तुम कौन खेत की मूली हो
जब काल स्वयं घबराता है।

राम (उठकर शांत भाव से)— हे नाथ क्रोध समेटिए
सब शोक मन का मेटिए
यह बाल ज्ञान अबोध है
बल आपका नहीं बोध है
अपराध तो मैंने किया
शिव चाप खंडित कर दिया
अब लो नमित यह माथ है
फरसा तुम्हारे हाथ है।

(परशुराम फरसा उठाते हैं पर चला नहीं पाते)

परशुराम— अरे यह क्या
हो रहा है आज दिल में मोह का संचार
हो चुका है क्या धरा पर राम का अवतार ?

(राम को धनुष देकर)— रमापति रामधन्वा को चढ़ाओ
विकल इस चित्त की शंका मिटाओ।

(राम धन्वा चढ़ाते हैं)

परशुराम— धन्य प्रभो तुमने तो यह सुंदर रास रचाया
क्षमा करो हे तात तुम्हारी अद्भुत रहती माया।

□

36

रावण-विभीषण संवाद (एक नाटिका)

(रावण का दरबार
रावण चिंतित स्वर में)

रावण—	विभीषण! तुमने सुना है— शत्रु की सेना समुद्र लाँघ चुकी है। मैं भयभीत नहीं, चिंतित भी नहीं आश्चर्यित हूँ।
(तीखे स्वर में)—	काँपते हैं जिनके भय से दिकपाल डरता है आँख मिलाते जिससे काल उस जगत् विजयी रावण पर आक्रमण असंभव! यह बौने का आसमान छूना है राम के दिमागी दिवालिएपन का नमूना है।
विभीषण (शांत स्वर में)—	तात! आप जानना चाहते हैं मेरे विचार मैं सत्य कहूँ तो आपका आचरण भय है बन न आए लंका के नाश का कारण। मैं देख रहा हूँ लंका के आकाश पर उमड़ते-घुमड़ते विपत्ति के बादल को

वर्तमान के पर्दे के पीछे से, झाँकते भविष्य को
सहमा हुआ
सकुचाया हुआ
मुरझाया हुआ नाश के त्योहार पर
पछताया हुआ लंकेश के व्यवहार पर।

रावण (उत्तेजित)— मेरे सभी शूरवीर मुझे उचित ठहराते
फिर एक तुम्हीं क्यों विभीषण हो
मुझे दोषी बताते?

विभीषण (उसी स्वर में)— क्षमा करो हे तात!
आपकी बुद्धि पड़ गई है मंद
आँखें हो गई हैं बंद
केवल कान खुले हैं
आप अपने चाटुकारों पर भुले हैं।
ये सभासद!
हर युग में इतिहास को कलंकित करते आए हैं
अपना उल्लू सीधा करते आए हैं।
राजा को बहकाकर
राष्ट्र को पतन के गर्त में ढकेलते आए हैं।

रावण (शांत भाव से)— विभीषण! मैं समझता हूँ तुम्हारी भावना को
कद्र करता हूँ तुम्हारे विचारों की।
पर सोचो विभीषण!
मैंने राष्ट्रधर्म के विरुद्ध क्या किया है।
सीता को चुरा लिया है।

(क्रोध से)— तुम इसे अपराध कहते हो
मेरा उपहास करते हो
मुझे राष्ट्र का पातक समझते हो

(स्वर बदलकर)— भूलते हो विभीषण!
राम ने लंकेश की बहन पर हाथ उठाया है
उसे नाक, कान विहीन बनाया है।
शूर्पनखा नहीं लंका की इज्जत को धूल में मिलाया है।
मैं राजनीति का ज्ञाता हूँ।
तुम्हें एक नीति की बात बताता हूँ
शत्रु को क्षमा करना उसके मनोबल को बढ़ाना है
और यही राष्ट्रधर्म के विरुद्ध बात होगी
हमारी भूल की शुरुआत होगी।

(क्रोध)— कभी फिर कोई ऐसे ही
हमारी नाक काटेगा
हमारे दाँत तोड़ेगा
और हर बार हम क्षमा के गीत गाएँगे
विरोधों के नारे लगाएँगे
कभी फिर दूत से संदेश देकर भूल जाएँगे।

(शांत)— विभीषण! सोचते हो
एक दिन लंका की इज्जत क्या रहेगी
विश्व में यह तुच्छ होगी

सबके लात खाती बात सहती
और शत्रु उँगली पकड़ पहुँचा पकड़ता जाएगा।
फिर एक दिन संपूर्ण लंका ही निगल वह जाएगा।

विभीषण— पर सोचिए लंकेश, युग का धर्म क्या है
राष्ट्रभक्ति भावना का मर्म क्या है
मेरे सम्मुख एक लंका ही नहीं
है आज का यह विश्व सारा
एक सीमा से नहीं बँधकर रहेगा प्राण प्यारा

आज के संसार की सीमा सिमटती जा रही
सिकुड़ता जा रहा है दायरा
फिर दशानन क्यों न हम पालें हृदय में
विश्व के बंधुत्व की नव भावना।

स्वार्थ की सीमा से ऊपर आइए
प्रतिशोध भावों की शिखा पर
प्रेम रस छिड़काइए
वे राम सबके मित्र हैं
उनको न शत्रु बनाइए।

अन्यथा लंकेश लंका नष्ट होगी
स्वर्ण की नगरी मिलेगी क्षार में
और तुमको क्या मिलेगा तात
मरण के पर्व में इस नाश के त्योहार में

रावण— विभीषण! तुम्हारा दर्द मैं भी जानता हूँ
जमाने की धड़कती नब्ज भी पहचानता हूँ
अंतरराष्ट्रीयता की भावना सुंदर बहुत है
और तुम कहते दशानन कर्तव्यच्युत है।

भूलते हो विभीषण
भुजा जो दंड देती है क्षमा भी कर वही सकती
अंतरराष्ट्रीयता की भावना राष्ट्र से परे अच्छी है
ऐसा सोचते हैं वे
जिनकी बुद्धि वयस्क होकर भी बच्ची है।

तुम घर में अँधेरा रखकर मस्जिद में चले हो जलाने चिराग।
अपना प्राप्य खोकर चले हो विश्व को दिलाने उसका भाग
मैं तुम्हारी नीति पर अफसोस करता हूँ औ डरता हूँ
आनेवाला इतिहास जब अतीत का सिंहावलोकन करेगा
तुम्हारी नीति का मूल्यांकन करेगा
तो उस दिन वह तुम्हारी भूल पर पछताएगा
तुम्हारे कृत्य पर गम खाएगा
और प्रथम वह राष्ट्र को अपनाएगा।
और तुम इतिहास में होंगे कलंकित
देशद्रोही–राष्ट्रहंता से विभूषित

मैं तुम्हें कोई विश्वास दिलाना नहीं चाहता
मैं तुम्हें इतिहास के अँधेरे में फेंकना भी नहीं चाहता
तुम हमारे अपने भाई हो।

क्रोध— पर राष्ट्रद्रोही, अधम और आततायी हो
अतः मैं तुम्हारी छाया भी देखना नहीं चाहता।
उसी के पास तुम जाओ कि जिसके बल पर हो फूले
करेगा फैसला इतिहास कल
कि किसने दी उसे शूलें

विभीषण— यह सब लंकेश छलावा है
झूठे दंभों का दावा है
जब घड़ी विनाश की आती है
विपरीत बुद्धि बन जाती है।

रावण— यह तुम नहीं
तुम्हारा थोथा आदर्श बोल रहा है
लंका की नसों में जहर घोल रहा है
हकीकत से कोसों दूर
तुम्हारी भूल का नया अध्याय खोल रहा है।

विभीषण— मैं चला दशानन राम शरण
तुम महानाश का करो वरण।

रावण— जाओ विभीषण!
जब कभी इतिहास कल करवट घुमाएगा
तो पहले पृष्ठ पर हर काल में तुम को ही पाएगा
तुम्हारी भूल की हर बार वह कीमत चुकाएगा।

□

फुटकर

(1)

नवदीप जले, नवज्योति खिले,
नव आशा, नव उत्साह मिले।
दो मन प्राणों का मधुर मिलन,
नव चाह लिये नव राह चले।

(2)

यह कौन कोकिला पतझड़ में
पंचम स्वर में गाने आई
चातक की प्यास बुझाने क्या
स्वाति की श्याम घटा छाई

वीरान युगों की बगिया में
सौ सुमन खिलेंगे क्या जाने
यह कौन बसंती हवा चली
हर कलि लगी है मुसकाने।

(3)

गर स्वयं ईश आशीष लिये
वरदान मुक्ति का ले आए
सच कहता हूँ लौटा दूँ मैं
जो दरश रोज यह मिल जाए

कामना नहीं बैकुंठ धाम,
पुष्पक विमान पर चढ़ जाऊँ।
उससे भी ऊपर जा सकता,
जो गोद तुम्हारी पा जाऊँ।

(4)

है आस लगी तुमपे राधे
अब पार करो इस नैया को
लो हुआ बहुत अब नचा चुकी
ता थैया नाच कन्हैया को।

(5)

तुम्हारी सत्ता है अविछिन्न,
न हो सकते तुम हमसे भिन्न।
भले ही हो जाता संदेह,
अधिक पीड़ा से होकर खिन्न।

(6)

कहा मैंने उनसे कि यह तो बताओ,
क्यों मरता जमाना है तेरी अदा पर।

तो मुस्का के बोली कि कैसे बताऊँ,
सनक कौन जाने थी छाई खुदा पर।

(7)

कभी जब सोचा करता बात,
अभी उड़ जाऊँ क्षितिज के पार।
तभी यह कौन बता के डाँट,
स्नेह के चाँटे देती मार।

(8)

हमारे अंतर की अभिलाष
सिमटकर रह जाती है मौन
कहूँ मैं कागज की तस्वीर तुम्हें
या देवी बताओ कौन?

(9)

तुम्हारी एक-एक मुस्कान,
उठाती अंतर में तूफान।
न जाने ध्येय तुम्हारा कौन,
सिद्ध होता है बोलो प्राण।

(10)

तुम कौन स्मृति की धुँधली सी
तस्वीर बनी कुछ सहमी सी
आकर मेरे वक्षस्थल से
सिर टेक खड़ी कुछ कह भी री।

(11)

मैं बहुत दिनों से देवी का
इक चित्र देखता आया था
कल्पना कवि की इसे समझ
हर भाव असंभव पाया था।
पर उस दिन जब देखा तुमको
सहसा विश्वास न कर पाया
आई कोई पथ भूल परी
या चित्र उतरकर ही आया।

(12)

जगत् के झूठे-सच्चे प्यार
लिये करता आया पथ पार।
न सोचा कभी भी मेरे मीत
कहाँ पर जीत हुई या हार

(13)

कभी हँसना, कभी गाना
कभी शोखी, कभी चुलबुल।
खुदा जाने कहाँ कल डाल से
उड़ जाएगी बुलबुल।

(14)

कुछ लोग पराए होकर भी
अपनों जैसे हो जाते हैं।
लेकिन दिल जिसको याद करे
वो बेगाने बन जाते हैं।

कुछ पल जीवन के ऊसर में
खुशियों के बीज आ बोता है
लेकिन वर्षों का सँजोया
सपना अपना नहीं होता है।

(15)

तेरे जीवन की बगिया में
खुशियों के फूल सदा महके
तू अरमानों के पर पसार
बुलबुल जैसा हरदम चहके

(16)

जिस ओर तुम्हारे चरण चले
हर काँटे मंजिल के क्षय हों
चाहत के नव-नव फूल खिले
जीवन का आँगन मधुमय हो
कामना यही बस है मेरी
नव वर्ष तेरा मंगलमय हो।

(17)

मैं तो तुम्हारा गुनहगार हूँ
चाहे जो भी सजा दो तलबगार हूँ
मैंने जाना नहीं प्यार होता है क्या
जिंदगी के अधूरे रहे अरमाँ
तुम मिली भी तो कैसी विकट मोड़ पर
जबकि बुझने को आई है जलती शमा

जी लेने दो कुछ पल भरम में प्रिये
साँस की डोर अब टूट जाने को है।
सँजोने दो यादों की सौगात को
डोली दुलहन की घर लौट जाने को है
क्या करूँ माफ करना मैं लाचार हूँ
चाहे जो भी सजा दो गुनहगार हूँ।

□

क्षणिकाएँ

(1)

सूरज डूबा चमका चंदा
आई रात सुहानी
सोता हूँ ले साध अधूरी
सुनता नई कहानी।

(2)

रिस-रिसकर पीड़ा बहती है
गम के भरे फफोलों से
इस जीवन का दीप बुझ रहा
साँसों के हर झोंकों से।

(3)

किसी की याद का झोंका
हृदय को छू गया
जिंदगी की शाख से
एक पात सहसा चू गया।

(4)

जिंदगी की राह में
मिले कई नामवर
पर तजुर्बा कह रहा है
आदमी से बेहतर है जानवर।

(5)

सूना-सूना मन उपवन
उजड़ी फूलों से डाली
हर सुबह उदास समाँ है
हर शाम खोखली खाली।

(6)

पत्थर की मूरत के पीछे
भटका बनकर दीवाना
जलती शाम को शमा समझकर
जलने दौड़ा परवाना।

(7)

एक घाव जो
बहते-बहते सूख गया था
जिंदगी के सपाट में
एक याद जो चलते-चलते
खो गई थी
विविधताओं के हाट में
एक टीस, एक जलन,

जो जलते-जलते बुझ गई थी
जटिलताओं के वाट में
तुम आए, सब लौट आए
केवल हँसी बंद रही
किस्मत के कपाट में।

(8)

विधायक की परिभाषा—
पहले आशा
बाद में झाँसा।

(9)

एक वादे लेता
सौ वादे देता
कि सखी साजन
नहीं सखी नेता

(10)

शासक और शापितों
आपस का दुःख बाँटिए
आँधी बोई थी
अब तूफान काटिए।

□

बच्चों के लिए

(1)

मेरी गैया, मेरी गैया
देती है यह दूध मलइया
खाकर इसका दही, दूध सब
नाचो भैया ता ता थैया।

(2)

ताजमहल पर कौआ बोला
निकल गया सूरज का गोला
लेकिन अबतक सोया भोला
हम तो पीते कोका कोला।

(3)

चूहे राम चले बाजार
लेने चटनी और अचार
राह में मिल गई बिल्ली मौसी
चूहे को चढ़ गया बुखार।

(4)

मेरी चाची आएगी
ढेर खिलौने लाएगी
हम नाचेंगे गाएँगे
चाची ढोल बजाएगी।

(5)

आसमान में बादल बोला
धरती पर सबका मन डोला
दुबक गया सूरज का गोला
वर्षा ने अमृत रस घोला

(6)

नभ में बादल करते शोर
वन में नाचे चातक मोर
लगे बरसने जल घनघोर
बच्चे भागे घर की ओर।

(7)

मेरा भैया मेरा भैया
इसकी बात करूँ क्या दैया
पढ़ने-लिखने में जीरो है
शैतानी में कृष्ण कन्हैया

(8)

मेरी बहना बड़ी सयानी
लगती ज्यों गुड़िया जापानी

उमर बहुत छोटी है
लेकिन बात करे ज्यों बुढ़िया नानी।

(9)

चिड़िया रानी, चिड़िया रानी
मुझे सिखा दो अपनी वाणी
मैं भी मीठे गीत सुनाकर
बनूँ जगत् की अमिट कहानी।

(10)

बंदर मामा फिर कल आना
बंदरिया को साथ में लाना
नए-नए करतब दिखलाके
हम बच्चों का दिल बहलाना।

(11)

गाय हमारी माता है
सबका इससे नाता है
दूध, दही से गोबर तक
सबके काम में आता है।

(12)

चुहिया रानी की शादी है
शेर बना है दूल्हा राजा,
बंदर, भालू बने बराती
हाथी बजा रहा है बाजा।

(13)

जामुन, अमरूद, कटहल, आम
बोलो क्या खाओगे राम
आम फलों का राजा है
वही खिलाओ प्यारे श्याम।

(14)

दशरथ के बेटे थे राम
कर गए जग में ऐसे काम
दुनिया लेती अबतक नाम
सुबह दोपहर हो या शाम।

(15)

हम बच्चे हिंदुस्तान के
चलते सीना तान के
हमको आँख दिखाए जो
हम दुश्मन उसकी जान के।

(16)

परिचित है जग हम वीरों
के आन-बान औ शान से
चीन-पाक पंगा मत लेना
सिंहों की संतान से।

(17)

चीन-पाक की हस्ती क्या
जब सारा जग भय खाता है

अनुयायी हम गांधी के पर
आजाद, भगत से नाता है।

(18)

किसी गाँव में दो लड़के थे
नाम था लापर-झापर
खाने के शौकीन थे दोनों
खाते नित हापड़ का पापड़
एक रोज लापर-झापर ने
चोरी कहीं किया पापड़
लापर तो बच गए मगर
पकड़े गए मिस्टर झापर
झापर को जो लगा एक झापड़
भूल गया वह खाना पापड़
झापर की यह दशा देखकर
खूब हँसे मिस्टर लापर।

□□□